나의 첫 환경책 4

하얀 세상이 사라지면 어떡해?

기후 변화로 터전을 잃어버린 북극곰

이지유 글 | 유시연 그림

휴먼
어린이

안녕? 내 이름은 폴리, 나는 북극곰이야.
엄마가 눈을 파서 만든 굴에서 1년 반 전에 태어났어.
북극곰은 태어나서 한 달 동안 눈을 못 떠.
그래도 나는 엄마의 냄새와 따뜻한 품이 기억나.

굴속에서 엄마 젖을 먹으며 지내다 처음 밖으로 나온 날도 기억해.
밝은 햇살이 눈에 비치고, 차가운 공기가 콧속으로 쑤욱 들어왔어.
세상이 온통 하얀색이야.
엄마와 나도 하얀색이야.

엄마는 나에게 바다표범 잡는 법을 가르쳐 주었어.
"저기 검은 동물이 보이지? 그게 바로 바다표범이야.
먼저 물속으로 조용히 들어가서 바다표범이 누워 있는 얼음 조각 위로 올라가.
바다표범이 놀라서 허둥댈 때 앞발로 후려치는 거야.
만약 바다표범이 물속으로 달아나면 쫓아가서 잡으면 돼."
잠시 후 엄마는 말한 대로 정말 사냥에 성공했어.

엄마가 사냥하는 동안 나는 멀리서 지켜봐.
엄마가 와도 좋다고 소리를 내면 그제야 쪼르르 달려가지.
가끔 엄마가 사냥한 고기 조각을 먹기도 하지만,
역시 나는 엄마 젖이 가장 좋아.
젖을 먹는 동안 엄마는 재미난 이야기를 들려줘.

북극곰의 피부가 원래 검은색이라는 거 알아?
투명한 털이 햇빛을 반사해서 검은색이 안 보이는 거래.
눈이 흰색이니까 하얀 세상에 사는 북극곰도 흰색인 거야.
만약 내가 검은색이면 정말 눈에 잘 띄겠지?

엄마는 꼭 피해야 하는 것들도 가르쳐 주었어.
북극곰은 아주 크기 때문에 두려울 게 없어.
그런데 딱 두 동물을 조심해야 한대.
엄마보다 덩치가 큰 수컷 북극곰과 인간이야.
굶주린 수컷 북극곰은 새끼 곰을 잡아먹기도 한대.
으악, 어떻게 그럴 수가 있어!

인간은 두 발로 걸어 다니고 덩치가 크진 않아.
하지만 무시무시한 총과 둥근 바퀴로 굴러가는 차를 갖고 있어서
인간이 수컷 북극곰보다 더 위험하대.
그게 뭐라고 위험하다는 걸까?

엄마는 북극에서 방향을 찾는 법도 가르쳐 주었어.
한자리에 서서 한 바퀴를 돌면 온통 하얀색만 보일 거야.
북극은 눈과 얼음으로 이루어진 하얀 세상이니까.
하지만 북극성을 찾는다면 방향을 잃지 않을 수 있어.
만약 엄마를 잃어버리면 밤에 북극성을 보고 그 방향으로 가면 돼.

북극의 얼음은 아주 천천히 움직여.
이런 걸 유빙이라고 하는데, 여기에 올라타면 뛰지 않고도 이동할 수 있어.
유빙 위에서는 한자리에 서 있어도 가만히 있는 게 아니야.
그래서 밤이 오면 항상 북극성을 찾아야 해.

"폴리야, 밤이 오면 반드시
북극성이 어디 있는지 보렴."

우지끈, 꽈과광.

어느 날 아주 큰 소리가 나서 잠에서 깼어.

소리가 어찌나 큰지 세상이 무너져 내리는 것 같았지.

너무 놀라서 엄마를 찾았지만 어디에서도 보이지 않았어.

고개를 들고 사방을 둘러보며 냄새를 맡았어.

엄마 냄새가 나는 쪽으로 고개를 돌리니 저 멀리서 엄마가 달려오고 있었어.

끼이이익, 꾸궁.

또다시 큰 소리가 났어.

엄마와 나 사이에 있던 얼음에 금이 가면서 쪼개졌어.

엄마는 바다로 뛰어들어 내가 있는 얼음 쪽으로 헤엄쳐 왔어.
하지만 소용없었어.
세상을 삼킬 것 같은 거대한 소리가 나면서 얼음이 또 쪼개졌거든.
떨어져 나간 얼음이 뒤집히면서 거대한 파도를 만들었어.
바다는 출렁이고 큰 얼음들이 마구 뒤집혔지.
그때 엄마가 사라져 버렸어.
"엄마, 엄마!"
나는 너무 무서워서 소리를 질렀어.

나는 엉엉 울다 그만 잠이 들었어.

잠에서 깨어나니 눈보라가 몰아치고 있었어.

예전에도 이런 일이 있었지만, 그때는 엄마가 있어서 괜찮았어.

하지만 지금은 혼자라서 너무 무섭고 배도 고파.

사냥을 한 번도 해 본 적 없는 내가 바다표범을 잡을 수 있을까?

나는 무작정 걷기 시작했어.

한참을 걸었더니 얼음이 사라지고 흙이 나타났어.

거친 바닥을 디디며 가다 보니 어디선가 아주 상쾌한 냄새가 났어.

신선하고 맛있는 냄새였지.

흙 옆에 흐르는 물이 있는데, 거기에 물고기들이 헤엄치고 있었어.

물고기가 너무 많아서 금방이라도 잡을 수 있을 것 같았지.

나는 물로 뛰어 들어가 앞발을 휘둘렀어.

물고기는 쉽게 잡히지 않았어.
나는 오랫동안 헛발질만 하다가,
나중에는 너무 지쳐서 그냥 털썩 엎드렸어.
울고 싶었지만 울 기운도 없었지.
"자, 이거 먹어! 어린 북극곰이 왜 혼자 다녀?"

나는 깜짝 놀라 고개를 들었어.
곰은 곰인데 좀 이상한 곰이 내 앞에 떡 버티고 있었어.
흰색도 아니고 검은색도 아닌, 아주 옅은 회색 털에
주둥이가 짧고 어딘가 좀 이상하게 생긴 곰이었어.
세상에 저런 곰도 있다니, 신기해!

"널 해칠 생각은 없어. 그러니 어서 연어 먹어."

아, 이 물고기가 연어구나.

나는 허겁지겁 연어를 먹었어.

내가 먹는 동안 회색곰은 조잘조잘 떠들었어.

"우리 만난 적이 있던가? 아니, 그럴 리가 없지.

그런데 이상하게 낯설지가 않네. 안녕! 내 이름은 필레야.

우리 엄마는 북극곰이고 아빠는 회색곰이지. 나 같은 곰을 그롤라곰이라고 해.

그롤라곰을 처음 만나 보지? 날 만난 걸 행운으로 여겨라.

난 아주 희귀한 몸이거든. 그런데 정말 우리 만난 적 없니?"

말이 좀 많아서 그렇지 필레는 나쁜 곰은 아닌 것 같았어.
엄마는 수컷 북극곰과 인간을 조심하라고 했지,
그롤라곰을 조심하라는 말은 한 적이 없어.
나는 필레와 친구가 되기로 했어.

"뭐? 엄마가 얼음 사이로 사라졌다고? 세상에, 그렇게 무서운 일을 겪다니!
아직 엄마에게 배울 걸 다 배우지 못했겠네. 걱정하지 마.
이렇게 만난 것도 인연인데, 내가 잘 가르쳐 줄게.
나는 엄마에게 2년 동안 모든 걸 다 배우고 독립했거든. 나만 믿어!"
나는 필레가 고마우면서도 다시 엄마 생각이 나서 슬펐어.

그날 필레는 연어 잡는 법을 가르쳐 주었어.
땅, 강, 나무, 풀이 무엇인지도 가르쳐 주었지.
그리고 여기가 원래는 얼음으로 덮인 곳이었지만,
지난여름에 얼음이 녹아 땅이 드러나더니
그 후로 다시 얼지 않았다는 사실도 알려 주었어.
눈과 얼음이 없는 세상이 있다니, 정말 놀라워!

나는 필레와 함께 있어서 외롭지 않았어.
우리는 강에서 물고기를 잡아먹고,
풀이 있는 아늑한 웅덩이에서 잠을 잤어.
그러다 보니 내 털은 흙이 묻어 점점 필레처럼 회색이 되었어.
땅과 풀이 있는 곳에서는 이게 더 좋은 것 같기도 해.
이곳에서 흰색 북극곰은 눈에 너무 잘 띄거든.

어느 날 강가에서 신나게 물고기를 잡고 있는데,
갑자기 이상한 냄새가 났어.
"필레, 이게 무슨 냄새야?"
필레는 곧바로 머리를 들고 코를 킁킁거렸어.
"앗, 어서 도망치자! 이건 인간의 냄새야. 세상에서 가장 위험한 동물!"
필레의 말을 듣자 엄마가 했던 말이 떠올랐어.

우리는 풀이 많고 나무가 있는 곳으로 뛰었어.
나는 필레를 놓치지 않으려고 있는 힘껏 따라갔어.
그러다 갑자기 이상한 냄새가 사방에서 풍겨 왔어.
"우지직!"
무언가 부러지는 소리도 들렸어.

필레가 무언가에 둘러싸여 하늘로 솟아오르더니 나무에 대롱대롱 매달렸어.

그 아래로 두 발 달린 동물들이 모여들었지.

그건 바로 인간이었어.

필레가 나무에 매달린 채로 나를 돌아보며 소리쳤어.

"폴리야, 이리 오지 말고 도망쳐! 너 북극성 아니?

북극성이 있는 방향으로 가! 나중에 그곳에서 만나자."

북극성이라니! 필레가 어떻게 북극성을 아는 걸까?
그건 엄마와 나 둘만 아는 비밀인 줄 알았는데….
북극성이라는 말을 듣는 순간,
나는 꼭 필레를 구해야겠다고 생각했어.
우선 몸을 흙바닥에 굴려서 내 털을 더럽혔어.
그래야 내가 잘 안 보일 테니까.

인간들은 필레를 커다란 통에 넣었어.
어찌 된 일인지 필레는 잠이 든 것 같았어.
나는 소리 내지 않고 조용히 뒤를 따라갔어.
그러다 인간들은 필레를 탈것에 싣고 떠나 버렸어.
아, 저게 바로 둥근 바퀴로 굴러가는 차구나.

필레를 실은 차는 너무 빨라서 도저히 따라갈 수 없었어.

하지만 흙에는 바퀴 자국이 선명하게 남아 있었지.

나는 며칠 동안 바퀴 자국을 따라 걷다 뛰기를 반복했어.

어느 해 질 무렵, 마침내 차가 서 있는 곳을 찾아냈어.

코를 킁킁대며 필레 냄새를 따라가다 보니
나무에 목줄이 묶인 채 웅크리고 있는 필레가 보였어.
나는 몰래 다가가 필레의 이름을 불렀어.
필레가 고개를 들고 나를 보는 순간,
내 뒤에서 누군가 말했어.
"어라, 새끼 북극곰이네? 이게 웬 떡이야!"
나는 그만 인간에게 들키고 말았지.

나와 필레는 차에 실려 어느 마을에 도착했어.
마을에는 곰을 사려는 사람들이 있었어.
인간들은 내가 귀엽다며 데려다 길러야겠다고 했지.
내가 얼마나 커질 수 있는지 모르나 봐.
무섭고, 두렵고, 너무나 화가 났어.
나는 살아 숨 쉬는 곰이야.
장난감이 아니야!
누구 마음대로 나를 사고파는 거야.
나는 물건이 아니야!

오후가 되자 인간들이 내 목줄을 잡고 질질 끌며 나를 차에 태웠어.
그런데 어쩐 일인지 필레는 그대로 두고 가지 뭐야.
차는 빠르게 출발하며 마을을 도망치듯 빠져나왔어.
나는 필레를, 필레는 나를 부르며 소리쳤어.

나를 실은 차는 어두운 밤 동안
울퉁불퉁한 길을 달렸어.
나는 어느 마을에 있는 동물원에 팔렸어.
철창에 갇힌 채로 밤하늘을 바라보는데,
흰 눈을 본 지 너무 오래되었다는 생각이 들었어.
눈과 얼음이 보고 싶어.
필레가 보고 싶어.
엄마가 보고 싶어.

그러던 어느 날, 동물원에 큰일이 생겼어.
동물원 입구와 근처의 땅이 꺼져 버린 거야.
눈과 얼음이 뒤덮인 이곳의 땅은 항상 단단하게 얼어 있어.
그런데 지구가 점점 더워지면서 몇 년 전부터는
언 땅이 녹아 길이 꺼지는 일이 자주 생기고 있대.

우지끈!
땅이 꺼지면서 나를 가두던 철창이 쓰러졌어.
동물원의 담도 무너져 내렸지.
나는 곧장 넓은 평원 쪽으로 무작정 뛰쳐나갔어.
저기가 어딘지는 몰라도 밤이 되면 알 수 있을 거야.
깜깜한 밤에는 북극성이 보일 테니까.

나는 달리고 또 달렸어.
밤이 오면 북극성 아래에 있는 언덕과 바위를 잘 외워 두고,
낮이 되면 그곳을 향해 달렸어.
그렇게 며칠이 지나자 드디어 익숙한 냄새가 났어.
눈 냄새, 얼음 냄새, 바다 냄새가 났어.
나는 너무 기뻐서 눈물이 났어.
흙바닥에서 얼음으로 발을 내딛는 순간 또 눈물이 났어.

"폴리! 너 폴리 아니야? 나야, 나! 필레!"
나는 깜짝 놀랐어.
필레를 만나다니! 그것도 북극 얼음에서 말이야.
"너와 헤어지던 날, 어디선가 새로운 사람들이 나타나서 날 구해 줬어.
인간 중에는 곰을 보호하려는 사람들도 있나 봐.
북극성 쪽으로 가면 널 만나게 될 줄 알았어.
역시 너도 북극성을 알고 있었구나!
엄마에게 배웠지? 나도 엄마에게 배웠어."
나는 너무 기뻤어.

"폴리야, 잘 들어. 우리는 지금 유빙 위에 있어. 움직이는 얼음 말이야.
이 얼음을 타고 있으면 좀 더 추운 북쪽으로 가게 될 거야.
북극곰이 있어야 할 곳이지. 하지만 나는 더는 갈 수 없어.
나는 그롤라곰이잖아. 흙과 나무가 있는 곳에서 살아야 해."
이제 막 만났는데 또 헤어져야 한다니.
왜 신나는 일, 기쁜 일은 일찍 끝나는 걸까?

유빙이 다른 얼음과 부딪히며 무시무시한 소리를 냈어.
북극곰에게는 아주 친숙한 소리야.
나도 이제 더는 두렵지 않아.
이 유빙은 나를 북쪽으로 데려다줄 거야.
차가운 바람이 부는 곳으로.

얼음 위의 흰곰
북극곰

나의 첫 동물 탐구

동물 이름	북극곰
크기	몸길이 2~3미터
먹이	바다표범, 물고기, 바닷새, 순록
분포 지역	북극해와 주변 육지
서식 장소	해빙

1

북극곰은 해양 포유류예요.
북극곰은 바닷물이 얼어서 생긴 해빙에서 살고, 바다에서 먹이를 찾아요.

2

북극곰의 피부는 사실 검은색이에요.
북극곰의 털은 빛을 아주 잘 반사해서 흰색으로 보여요.

얼음 위를 걷고 있는 북극곰

3

북극곰은 수영을 정말 잘해요.
이 해빙에서 저 해빙으로 옮겨 가기 위해 몇 시간씩 수영할 수 있어요.

4

북극곰은 냄새를 아주 잘 맡아요.
30킬로미터 떨어진 곳에 있는 고리무늬물범의 냄새를 맡을 수 있을 정도예요.

9

북극곰은 지구 온난화 때문에
서식지를 잃을 위기에 놓였어요.
북극의 얼음이 빠르게 녹으면서 해빙이 점점
줄어들고 있거든요. 그래서 북극곰은 기후 변화를
알리는 대표적인 동물이 되었지요.

8

과학자들은 북극곰의 발자국이 찍힌
눈에서 유전자를 얻을 수 있어요.
유전자 연구를 통해 우리는 북극곰의 생활을
더 잘 알 수 있게 되었어요.

새끼 북극곰

7

북극곰이 사냥에 성공하는 비율은
겨우 2퍼센트예요.
100번 사냥하면 2번만 성공한다는 뜻이죠.
북극곰아, 힘내라!

5

북극곰은 태어났을 때 몸무게가 700그램 정도예요.
지방이 풍부한 엄마 북극곰의 젖을 먹고 쑥쑥 자라면
몇 달 만에 10킬로그램이 넘어요.

6

북극곰은 15만 년 전에 불곰으로부터 진화했어요.
지금은 회색곰과 북극곰의 혼혈인 그롤라베어와
피즐리베어도 있어요.

나의 첫 환경 클릭!

드넓은 바다 얼음으로 둘러싸인 북극

북극은 캐나다, 미국, 러시아, 그린란드, 핀란드, 아이슬란드, 노르웨이, 스웨덴에 걸쳐 있는 지역이에요. 북극점은 해빙, 곧 바다 위에 얼어붙은 빙하에 있어요.
낮이 가장 길고 밤이 가장 짧은 날인 하지에
북극에서는 하루 종일 해가 지평선 아래로 내려가지 않아요.
반대로 낮이 가장 짧고 밤이 가장 긴 동지에는 하루 종일 해가 뜨지 않아요.
겨울철에 북극은 대부분 눈과 얼음으로 뒤덮여 있지만, 여름에는 눈과 얼음이 녹고
이끼와 풀이 자라기도 합니다. 순록이 풀과 이끼를 먹으러 오지요.

해빙이 떠다니는 북극의 바다

북극에는 다양한 동물이 살아요. 북극 바다에는 벨루가, 북극고래, 연어, 붉곰, 바다코끼리, 북극늑대, 북극여우, 일각고래 등이 살고, 200여 종의 새가 살아요. 또 알래스카의 강에는 수많은 민물고기가 살고 레밍, 들쥐, 족제비, 땅다람쥐 등 작은 포유류가 살아요. 북극곰은 북극에 사는 대표적인 동물이에요.
북극에는 400만 명이 넘는 사람이 살아요. 이들은 다양한 언어를 쓰고 저마다 독특한 문화와 삶의 방식을 가지고 있지요.
북극의 얼음은 지구의 온도를 조절하고 해류를 순환시키는 데 중요한 역할을 해요. 지구 온난화로 북극의 빙하가 녹으면 주변의 바닷물이 싱거워져요. 그러면 바닷물의 순환에 큰 지장을 주고 해류가 멈출 수도 있어요. 해류가 멈추면 기후 변화가 더 심해져요.
북극의 빙하가 녹지 않도록 잘 보존하는 것이 중요해요. 따라서 지구 온난화가 더 심해지지 않게 모두 함께 노력해야 하지요.

풀을 뜯어 먹는 스발바르 순록

바다표범을 사냥하는 암컷 북극곰

글 이지유

서울대학교에서 지구과학교육과 천문학을 공부했습니다. 어린이와 청소년을 위한 과학 글을 쓰고 좋은 책을 찾아 우리말로 옮기는 일을 합니다. 지은 책으로 《우주가 보이는 우주책》, 《용감한 과학자들의 지구 언박싱》, 《집요한 과학자들의 우주 언박싱》, 《식량이 문제야!》, 《내 이름은 파리지옥》, 《별똥별 아줌마가 들려주는 과학 이야기》 시리즈 등이 있고, 옮긴 책으로는 《모두 충전하는 사이에》, 《꿀벌 아피스의 놀라운 35일》 등이 있습니다.

그림 유시연

만화를 좋아해 애니메이션 관련 일을 하다가, 우연히 접하게 된 그림책의 매력에 빠져 그림책 작가로 활동하고 있습니다. 쓰고 그린 책으로 《꼼꼼 의사와 덜렁 조수의 수상한 병원》이 있고, 그린 책으로는 《차별에 맞서 꿈을 이룬 빛나는 여성들》, 《마음이 머무는 담장, 꽃담》, 《돼지 왕국》, 《애니캔》, 《그냥 씨의 동물 직업 상담소》, 《별점 반장 나우주》와 〈아무거나 문방구〉 시리즈 등이 있습니다.

나의 첫 환경책 4 — 하얀 세상이 사라지면 어떡해?

1판 1쇄 발행일 2025년 8월 25일

글 이지유 | **그림** 유시연 | **발행인** 김학원 | **편집** 박현혜 | **디자인** 박인규

저자·독자 서비스 humanist@humanistbooks.com | **용지** 화인페이퍼 | **인쇄** 삼조인쇄 | **제본** 제이앤플러스

발행처 휴먼어린이 | **출판등록** 제313-2006-000161호(2006년 7월 31일) | **주소** (03991) 서울시 마포구 동교로23길 76(연남동)

전화 02-335-4422 | **팩스** 02-334-3427 | **홈페이지** www.humanistbooks.com

글 ⓒ 이지유, 2025 그림 ⓒ 유시연, 2025

ISBN 978-89-6591-637-6 74400

ISBN 978-89-6591-597-3 74400(세트)

- 이 책은 저작권법에 따라 보호받는 저작물이므로 무단 전재와 무단 복제를 금합니다.
- 이 책의 전부 또는 일부를 이용하려면 반드시 저작권자와 휴먼어린이 출판사의 동의를 받아야 합니다.
- **사용연령 6세 이상** 종이에 베이거나 긁히지 않도록 조심하세요. 책 모서리가 날카로우니 던지거나 떨어뜨리지 마세요.